Vente du Samedi 30 Novmbre 1872.

*COLLECTION DE M. DE **** villars

TABLEAUX
ANCIENS

EXPOSITION PUBLIQUE : Le Vendredi 29 Novembre 1872.
HOTEL DROUOT, Salle n° 8

Me CHARLES PILLET, COMMISSAIRE-PRISEUR.	MM. DHIOS et GEORGE, EXPERTS.

CATALOGUE

DE

TABLEAUX

DES ÉCOLES

FRANÇAISE & ITALIENNE

DU XVIIIe SIÈCLE

Boilly, Boucher, Challes, Charlet, De Machy, Demarne, Drolling, Drouais, Fragonard, Géricault, Granet, Greuze, Grimoux, Guardi, Hubert-Robert, J.-B. Huet, Lagrénée, Lancret, Lantara, Lépicié, C. Van Loo, Mallet, Oudry, Raoux, J.-B. Tiepelo, Vallayer-Coster.

ET DES ÉCOLES FLAMANDE, HOLLANDAISE ET ALLEMANDE

TABLEAU CAPITAL DE JEAN STEEN

Composant la Collection de M. de ***

DONT LA VENTE AUX ENCHÈRES PUBLIQUES AURA LIEU

HOTEL DROUOT, SALLE N° 8,

Le Samedi 30 Novembre 1872

A DEUX HEURES.

Par le Ministère de Me CHARLES PILLET, Commissaire-Priseur,
10, rue de la Grange-Batelière;
Assisté de MM. DHIOS et GEORGE, Experts, 33, rue Lepeletier.
Chez lesquels se trouve le présent Catalogue.

EXPOSITION PUBLIQUE:

Le Vendredi 29 Novembre 1872, de une heure à cinq heures.

CONDITIONS DE LA VENTE

Elle sera faite au comptant.

Les adjudicataires payeront *cinq pour cent* en sus des enchères

---

Paris. — Typ. Pillet fils aîné, rue des Grands-Augustins, 5.

DÉSIGNATION

ÉCOLES FRANÇAISE ET ITALIENNE

DU XVIIIe SIÈCLE

AVED

1 — Portrait présumé de J.-B. Rousseau.

BOILLY (L.-L.)

2 — Le Bain des amours.

Signé. Tableau gravé.

BOUCHER

3 — Le Plaisir de la pêche.

BOUCHER

4 — Marche d'animaux.

BOUCHER

5 — Jupiter et Io.

CHALLES

6 — La Marchande de gibier.

CHALLES

7 — La Bouquetière.

CHAMPAIGNE (PH. DE)

8 — Portrait du premier président Pothier.

CHARLET

9 — Les Buveurs.

Signé.

CHARLET

10 — Effet de neige.

Signé.

CHARLET

11 — Le Dessinateur.

Signé.

CHARPENTIER

12 — Les premiers pas de l'enfance.

DANLOUX

13 — Tête de jeune fille.

Signé.

DE MACHY

14 — Jardin et palais des Tuileries.

Signé.

DE MACHY

15 — La Terrasse du bord de l'eau.

DEMARNE

16 — Le Serment à la fontaine.

DEMARNE

17 — Paysage avec différents groupes de figures.

DROLLING

18 — Portrait en pied de Marie-Antoinette.

DROUAIS

19 — Portrait de Louvet, l'auteur de *Faublas*.

EISEN

20 — L'Enfant à la cage.

FRAGONARD

21 — Le Rêve.

FRAGONARD

22 — Paysage avec figures.

GAMELIN

23 — Les Écoliers.

Signé et daté.

GAMELIN

24 — Les deux Vieilles.

Signé et daté.

GÉRICAULT

25 — Trois chevaux dans un paysage.

GRANET

26 — Groupe de moines dans une chapelle.

Signé et daté.

GREUZE

27 — Tête de jeune garçon.

Pastel.

GRIMOUX

28 — Portrait de l'artiste.

GUARDI

29 — Le jugement de Pâris.

GUARDI

30 — Vue de Venise.

GUARDI

31 — Vue de Venise.

GUARDI

32 — Vue de Venise.

HUBERT ROBERT

33 — Ruines et figures.

HUBERT-ROBERT

34 — La fontaine de Minerve.

HUET (J.-B.)

35 — Paysage avec figures et animaux.

Gouache signée et datée.

LAGRÉNEE

36 — Hercule et Omphale.

LANCRET

37 — Réunion galante.

Collection Paturot.

LANTARA

38 — Le Château de Pau.

LANTARA

39 — Paysage avec figures.

LE BLANC

40 — Intérieur d'église.

Signé.

LECLERC DES GOBELINS

41 — La Bergère couronnée.

LECLERC DES GOBELINS

42 — L'oiseau qui s'envole.

LÉPICIÉ

43 — Bertrand et Raton.

LÉPICIÉ

44 — Tête de petit garçon.

LÉPICIE

45 — Le Mauvais écolier.

Signé.

LOO (CARLE VAN)

46 — Femme orientale couchée.

LOO (CARLE VAN)

47 — Vénus et l'Amour.

MALLET

48 — La Jeune Mère.

OUDRY (J. B.)

49 — Chasse au canard.

Signé.

PIAZZETTA

50 — Portrait de jeune garçon.

RAOUX

— 51 — Le Concert.

RENOUX

— 52 — Intérieur.

RENOUX

— 53 — Intérieur.

TIÉPOLO (G. B.)

— 54 — Tête de jeune Vénitienne.

VALLAYER COSTER

— 55 — Les Pêches.

VALAYER COSTER

— 56 — Nature morte.

VALLIN

57 — Tête de Bacchante.

VESTIER

58 — La Mère chérie.

ÉCOLES FLAMANDE, HOLLANDAISE & ALLEMANDE

BEELDEMACKER

59 — Le Chien d'arrêt.

BEELDEMACKER

60 — Les Levriers.

Signé.

BEGYN (Abraham)

61 — Port de mer avec figures et animaux.

Signé.

BREUGHEL (DE VELOURS)

62 — Paysage avec figures.

BREUGHEL (DE VELOURS)

63 — Paysage.

BREUGHEL (LE VIEUX)

64 — La Mariée flamande.

Signé P. Breughel.

CALVAERT (DENIS)

65 — Glorification de la Vierge.

DECKER

66 — Paysage avec rivière.

DENNER

67 — Tète de vieillard.

GERRINGS (VAN)

68 — Betsabé au bain.

Signé

HOLBEIN (HANS)

69 — Portrait d'homme. —
Signé et daté.

KESSEL (JAN VAN)

70 — Fleurs et Insectes.

KESSEL (JAN VAN)

71 — Pendant du précédent.

KEYSER (THÉODORE DE)

72 — Portrait de femme en pied

MIEREVELT

73 — Portrait de femme.

MIERVELT

74 — Portrait d'homme.

MOUCHERON (FRÉDÉRIC)

75 — Paysage.

NEEFFS (PEETER)

76 — Intérieur d'église.

ROTTENHAMER

77 — Sujet allégorique des misères de l'humanité.

SEGHERS (DANIEL)

78 — Médaillon en grisaille encadré d'une guirlande de fleurs.

Signé.

STEEN (JAN)

79 — Intérieur d'un Marché.

TERBURG (GEZINA)

80 — Femme assise dans un intérieur.

VOS (CORNILLE DE)

81 — Portrait de Breughel.

WEENIX (JAN BAPTISTE)

82 — Réunion de famille dans un parc.

www.ingramcontent.com/pod-product-compliance
Ingram Content Group UK Ltd.
Pitfield, Milton Keynes, MK11 3LW, UK
UKHW020542180726
13839UKWH00006B/2682

9 782329 611433